**일러두기**

- 동식물 이름 등 모든 한글과 외래어 표기는 국립국어원 편찬 《표준국어대사전》을 우선으로 따랐습니다.
- 《표준국어대사전》에 등재되지 않았을 때 국립국어원의 <외래어 표기법>의 용례를 따르되,
  네이버 지식백과, 두산백과사전 두피디아와 브리태니커 백과사전 등을 참조했습니다.
- 우리말 이름이 없는 동식물의 이름은, 라틴명 또는 학명을 그대로 사용하거나 동식물의 특성을
  잘 담고 있는 현지 이름이나 영어의 뜻을 풀어썼습니다.
  예) Papua Blue Mantis: 파푸아푸른사마귀
- 동식물의 이름과 분류학상 명칭은 한 단어로 간주하여 붙여 썼습니다.
  예) 거대관벌레

# 판타스틱 사파리
The Fantastical Safari

**1판 1쇄** 2026년 1월 2일

**글** 루시 브라운리지
**그림** 크리스티아나 S 윌리엄스
**옮김** 한성희

**펴낸이** 박현진
**펴낸곳** (주)풀과바람
**주소** 경기도 파주시 회동길 329(서패동, 파주출판도시)
**전화** 031) 955-9655~6
**팩스** 031) 955-9657
**출판등록** 2000년 4월 24일 제20-328호
**블로그** blog.naver.com/grassandwind
**이메일** grassandwind@hanmail.net

**편집** 이영란
**마케팅** 이승민

**값** 25,000원
**ISBN** 979-11-7147-136-2 77470

The Fantastical Safari
copyright ⓒ 2025 The Quarto Group
text ⓒ 2025 Lucy Brownridge
Illustrations copyright ⓒ 2025 Kristjana S Williams
First published in 2025 by Wide Eyed Editions, an imprint of
The Quarto Group.
All rights reserved.
Korean Edition ⓒ 2025 GrassandWind Publishing.
This Korean translation edition published by Wide Eyed Editions, an
imprint of The Quarto Group through THE Agency, Korea.

이 책의 한국어판 저작권은 더에이전시를 통한 저작권자와의 독점 계약으로
(주)풀과바람이 소유합니다. 신 저작권법에 의해 한국 내에서 보호를 받는
저작물이므로 무단 전재와 복제를 금합니다.

※ 잘못 만들어진 책은 구입처에서 바꾸어 드립니다.

**제품명** 판타스틱 사파리 | **제조자명** (주)풀과바람 | **제조국명** 대한민국
**전화번호** 031)955-9655-6 | **주소** 경기도 파주시 회동길 329
**제조년월** 2026년 1월 2일 | **사용 연령** 6세 이상
KC마크는 이 제품이 공통안전기준에 적합하였음을 의미합니다.

⚠ **주의**
어린이가 책 모서리에
다치지 않게 주의하세요.

6-13
마리아나 해구

22-29
파푸아뉴기니의 고원

지구에서 가장 닿기 어려운 서식지로 특별한 여행을 떠날 준비가 되었나요? 여러분은 실제로 아주 특이하고 환상적인 환경에서 살아남으려고 적응한 동식물을 만날 거예요.

# 환상적이고 신비한 사파리 여행

이번 여행은 어떤 사파리 여행하고도 비교할 수 없어요. 꿈에나 나올 법한 여행이라, 지구에서 누구도 끝마친 적이 없죠. 여행 길목마다 위험이 도사리고 있기 때문이에요. 가는 곳마다 혹독한 추위와 타는 듯한 더위를 겪거나 숨이 막힐 정도로 깊고, 또는 너무 외떨어져 있거든요. 그 결과, 그곳에 사는 동식물들은 가장 특이한 방법으로 적응해야만 했어요.

사람이 살 데는 아니지만, 환상적이고 신비한 사파리에서 여러분은 지구 어디에서도 볼 수 없는 자연의 가장 훌륭하고 희귀한 보물을 엿볼 수 있습니다. 우리 인간은 이 특별한 장소들로부터 멀리 떨어져 살지만, 그곳에 사는 동식물에게는 하루하루가 인내와 끈기, 생존을 통해 얻은 기적이에요.

자, 이제 책을 펼쳐 **마리아나 해구**에 깊숙이 들어가 어둠 속을 밝히는 생물들을 만나 봐요. 그런 다음 반짝이는 **그린란드 빙상**을 따라 가로질러 새하얀 세상에서 살아남은 동물을 찾아보고요.
**파푸아뉴기니의 고지대**에서는 화려한 색깔의 새들이 후덥지근한 공기 속을 휙휙 날아다니는데, 그곳에 숨겨진 신비롭고 다채로운 세계의 매력에 푹 빠져 봐요. 그다음에 수천 년간 선사시대 생물이 고립되어 살아온 화산섬 **갈라파고스 제도**의 멋진 열대 지역으로 떠나요. 마지막으로 지구에서 가장 건조한 환경인 **사하라 사막의 테네레 지역**으로 여행을 떠나 봐요. 테네레에서는 지평선이 끝없이 펼쳐져요. 이제 정말 환상적이고 신비한 사파리 여행을 시작하며 상상의 나래를 맘껏 펼쳐 봐요.

# 마리아나 해구

# 마리아나 해구

무지무지하게 깊은 마리아나 해구는 사람의 손이 거의 닿지 않는 곳으로, 신비로운 동식물이 짙은 어둠 속에서 살아가고 있어요.

1억 8천만 년 전, 지구 표면에서 지각 운동이 일어나 태평양판이 마리아나 판 밑으로 미끄러지면서 심해(깊은 바다)에 깊은 골짜기가 생겼습니다.

**파**도 속으로 뛰어들면, 눈앞에 초자연적 어둠의 세계가 쫙 펼쳐져요. 더 깊이 잠수할수록 햇빛은 사라지고, 짙은 어둠 속으로 빠져들죠. 물이 위에서 누르는 압력이 강해져서 무시무시한 힘으로 온몸을 짓눌러요. 그런데 어둠더라도 생명체가 살고 있어요. 빛나는 발광생물이 지나가면서 신기한 빛으로 어둠을 꿰뚫어요. 이상하고 묘하게 생긴 형체가 어둠 속에서 모습을 드러내며, 놀랍도록 다양한 심해 생물을 보여 주죠. 거대관벌레가 바닷물을 따라 살랑대며 깃털처럼 생긴 붉은 아가미로 물속 영양분을 걸러내요. 눈앞에서 휙 사라졌다가 나타났다가 하는, 유령처럼 반투명한 물고기는 엄청난 압력을 견디며 살아가요. 물속으로 더 깊이 들어갈수록 수온은 떨어지고 압력은 높아져요. 그렇지만 극한 환경 속에서도 마리아나 해구는 신비롭고 놀라운 아름다움을 뽐내며, 지구에서 가장 극한 환경에서도 생명체가 얼마나 강인하고 적응력이 뛰어난지를 보여 줍니다.

**놀라운 생명체들이 서식하는 마리아나 해구**는 어둡고 높은 압력으로 생긴 **극한의 세계**입니다. 빛을 내는 해파리와 아귀는 칠흑 같은 어둠 속을 헤엄치고, 쥐꼬리물고기 같은 생물들은 해수면보다 **1천 배가 넘는 압력**을 견디죠. 이 모질고 혹독한 환경에서 미생물들은 열수구에서 나오는 열과 화학물질을 에너지로 바꿔서 살아남았어요. 지구 지각 깊이 **10984m**까지 뻗어 있는 마리아나 해구는 지구에서 가장 신비롭고 접근하기 어려운 환경 가운데 하나로, 심해에 사는 **생명체의 놀라운 생존력과 다양성**을 보여 주고 있어요.

# 기묘한 생명체가 사는 바다

어둠의 세계에서는 겉모습이 별로 중요하지 않아요. 심해는 가장 기이하고 괴상하게 생긴 생물들이 사는 곳이에요. 이들은 바다의 가장 이상하고 외딴 데에서 수천 년 동안 엄청난 압력과 어둠을 겪으면서 모습이 바뀌었어요.

### 바티노무스 기간테우스

해저에 사는 커다란 생물인 심해 등각류의 하나로, 몸 표면을 덮고 있는 단단한 갑각이 희미한 빛을 반사해서 우윳빛으로 반짝여요. 마치 선사시대 유물처럼 생겼어요. **1억 6천만 년 동안 거의 변하지 않은 채** 살아온 생물이기 때문이에요.

### 통안어

**투명한 머리통** 안에 초록색 눈이 들어 있는, 통안어는 바다 전체에서 **가장 기이한 생물 중 하나**예요. 이 물고기는 거울 같은 기능을 하는 작은 조직들을 이용해 빛을 모아 어두운 심해에서 시야를 확보하고 먹이를 찾아요.

## 주름상어

깊은 바다에서 스르륵 미끄러지듯 나아가는 주름상어는 옛 모습 그대로 오랫동안 존재해 '살아 있는 화석'으로 불리며 **고대의 신비로움**을 보여 줘요. 이 상어는 장어처럼 몸이 길고 부드러우며, 아가미덮개가 주름진 프릴처럼 생겼어요. 커다란 입안에는 **바늘같이 짧고 뾰족한 이빨**이 빼곡히 차 있어요. 심해 포식자인 주름상어는 깊고 조용한 바닷속에서 악당처럼 날카로운 이빨을 번뜩이며 먹잇감에 몰래 다가가도록 진화했어요.

## 바다돼지

아주 이상한 꿈에 나올 듯한 바다돼지가 어둠 속에서 모습을 드러내요. 바다돼지는 **통통한 몸통과 뭉툭한 다리**가 마치 돼지를 닮았다고 해서 이름 지어졌어요. 돼지처럼 식성이 까다롭지도 않아요. 바다돼지는 **죽은 생물의 찌꺼기를 먹거든요**. 진흙투성이 바닷속을 샅샅이 헤집고 다니며 해구 바닥에 가라앉은 맛있는 먹이를 찾아 먹어요.

# 어둠을 밝히는 빛

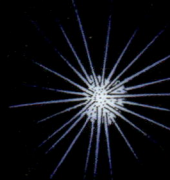

### 해파리강

유령처럼 생긴 형체가 나타났어요. 심해 해파리는 떠다니면서 **생물발광**으로 깊은 바닷속에 숨겨진 경이로움을 보여 주고, 이런 이상한 모습에 빠져든 작은 생물을 끌어들이죠.

깊은 바닷속에는 빛이 거의 없어요. 그래서 많은 동물이 '생물발광'으로 스스로 빛을 내는 법을 터득했어요. 물고기가 특별한 화학 반응으로 빛을 내기 시작하는 거죠. 이런 물고기들은 마법처럼 빛을 이용해서 먹잇감을 끌어들여 정신을 쏙 빼앗고, 번쩍이는 빛으로 메시지를 보내며, 어둠 속에서 길을 찾아요.

### 혹등아귀

혹등아귀가 머리에 더듬이 모양 **발광 촉수**를 매단 채 나타났어요. 혹등아귀는 빛에 이끌려 온 생물들을 무시무시한 입으로 잡아먹어요.

## 매오징어

어둠 속에서 매오징어가 **전기같이 생생한 푸른빛**을 강렬하게 내뿜으며 나타났어요.

## 빗해파리

깜깜한 바닷속에서 우아하게 떠다니는 빗해파리는 물속에서 춤추듯이 펼쳐지는 **무지갯빛 무늬**로 아름다운 모습을 만들며 빛나요.

# 그린란드 빙상

# 그린란드 빙상

그린란드 빙상은 우뚝 솟은 빙산이 그림자를 드리우고 북극곰들이 꽁꽁 얼어붙은 드넓은 땅을 돌아다니는, 반짝이는 거대한 얼음 왕국이에요.

수백만 년에 걸쳐 형성된, 그린란드 빙상은 그린란드 전역에 걸쳐 있어요. 과거 지구 빙하기에 불쑥 생긴 크고 견고한 유물이 엄청난 무게 밑에서 천천히 움직여 땅을 만들었어요.

얼음 위를 조심스럽게 걸으면, 하얀 눈과 푸른 얼음으로 뒤덮인 눈부신 세계가 눈앞에 펼쳐져요. 끝없이 이어지는 하얀 풍경이 북극 태양 아래에서 지평선까지 내내 반짝거리죠. 기온이 뚝 떨어져서, 찬바람에 살이 에일 정도로 추워요. 하지만 혹독한 환경에서도 생명의 흔적이 눈에 띄기 시작하죠. 멀리서 거대한 북극곰은 두꺼운 흰 털이 주위 환경에 뒤섞인 채 얼음 위를 돌아다니고 있어요. 작고 강인한 식물들이 꽁꽁 어는 추운 날씨 속에도 밝고 씩씩하게 눈 속에서 살짝 모습을 드러내요. 지표면 밑에서는 고대 얼음층이 지구의 과거에 얽힌 비밀과 이야기들을 간직하고 있어요. 얼음은 삐걱거리고 계속 움직이면서 모양을 바꾸죠. 극한의 추위 속에도 그린란드 빙상은 생물이 살아남으려고 매일 힘겹게 싸우는, 매섭고도 반짝이는 아름다움이 있는 곳입니다.

이렇게 혹독한 환경인데도 그린란드 빙상에는 놀라울 정도로 다양한 생물이 살고 있어요. **북극곰**은 먼 거리를 돌아다니면서 바다표범을 사냥해요. **북극여우**와 **북극토끼**도 흰 눈에 잘 섞이는 하얀 털로 위장하며 엄청난 추위에 적응했어요.

**흰올빼미**와 **북극제비갈매기**처럼 위풍당당한 새들도 물고기와 작은 포유류를 잡아먹으며 여기에서 잘 지내고 있어요. 해안선을 따라 얼지 않은 지역에서는 **이끼**와 **지의류**와 **낮게 자라는 관목**처럼 강인한 **식물 종들**이 서식하면서, 영양분이 부족한 땅과 추운 날씨에서도 살아남았어요. 너무나 조용하고 추운 풍경에서 살아남은 생물들은 더욱 귀하고 소중하게 느껴져요.

# 눈에 띄는 색과 주변과 어우러지는 색

### 북극토끼

얼음 위를 깡충깡충 뛰어다니는 북극토끼는 털이 겨울에 **눈처럼 하얗다가**, 여름에 흙처럼 **갈색**과 **회색**으로 변해요. 북극토끼는 계절마다 바뀌는 털로 눈이나 바위 색과 잘 섞여서 포식자의 눈을 피해요. 때론 여우를 따돌리려면 여우처럼 약삭빠르게 행동해야 하니까요.

### 자주범의귀

꽁꽁 언 땅을 거침없이 뚫고 솟아난 자주범의귀는 눈으로 덮인 하얀 풍경에 보라색 꽃을 피워 생기를 더해요. 흰 땅에 핀 화려한 꽃이 **꽃가루를 옮기는 곤충들을 유혹**하는데, 곤충들은 화사한 색에 푹 빠져 버리죠.

겨울

북극에서 보이는 모든 색은 동식물이 어떻게 생존하는지 이야기를 들려줍니다. 눈에 확 띄거나 잘 숨든지 간에 모든 생명체의 색은 신중하게 정해졌어요.

### 북극여우

한겨울, 북극여우는 **완전히 하얀 털**로 뒤덮여서 주위 환경에 잘 섞여 있어요. 그 덕분에 북극여우가 다가오는 것을 먹잇감이 눈치채지 못하죠. 그런데 여름이 와서 눈이 녹으면, 하얀 털이 사라져요. 마치 마술처럼, 북극여우는 흙과 같은 **갈색**으로 털을 갈아입거든요.

### 북극양귀비

차가운 바람에 살랑살랑 흔들리는 북극양귀비의 황금빛 꽃잎이 환하게 빛나요. 화사한 노란 꽃잎은 **꽃가루를 옮기는 곤충을 끌어들이면서 부족한 햇빛을 흡수**해요. 반짝이는 흰 눈으로 뒤덮인 춥고 단조로운 이 세계에서는 화려한 꽃들이 더욱 밝게 빛나죠.

여름

# 눈에 잘 적응한 동물

북극에서 살아남을 수 있는 동물은 지구에서 가장 뛰어난 적응력을 지닌 동물이에요. 이곳에서 살려면 동물들은 특별한 색깔부터 단단한 뿔과 엄니, 그리고 가장 따뜻한 깃털과 털 따위로 완전히 새롭게 바뀌어야 하니까요.

### 북극곰

북극곰은 그린란드 빙상과 한데 어우러지도록 진화했어요. 투명한 털은 하얀 눈을 반사해 **몸을 잘 숨길 수 있어** 바다표범에 몰래 다가갈 수 있어요.

### 사향소

이 튼튼한 초식동물은 혹독한 북극 환경에 잘 적응했어요. 사향소는 **짙은 갈색의 길고 두꺼운 털**로 추위를 견디면서, 공격하려는 어떤 동물이든 **큰 뿔**로 막아내죠.

### 흰올빼미

이 거대한 새는 **빽빽한 깃털**로 매서운 추위로부터 몸을 보호해요. 눈으로 덮인 그린란드 풍경에서는 **하얀 깃털**로 잘 숨을 수 있어요. 먹잇감인 작은 설치류들은 흰올빼미가 가까이 다가갈 때까지 전혀 눈치채지 못하죠.

### 바다코끼리

바다코끼리는 체온 유지를 위한 **두꺼운 지방**, 얼음을 깨고 몸을 지키는 **기다란 엄니**, 수영하기 좋은 **유선형의 몸**이 있어서, 매우 추운 곳에서도 아주 잘 지냅니다. 바다코끼리는 뚱뚱한 몸을 물 밖으로 끌어 올릴 때 **거대한 엄니를 얼음송곳처럼 써서** 얼음을 잡고 나와요.

# 파푸아뉴기니의 고원

# 파푸아뉴기니의 고원

지구 어디에서도 보지 못하는 동식물이 사는, 이 아름답고 멋진 곳에는 우뚝 솟은 산들이 하늘을 찌를 듯하고, 울창한 숲이 끝없이 펼쳐져 있어요.

수백만 년 동안에 판 구조론과 고대 빙하를 거치며 형성된 파푸아뉴기니의 고원은 지구의 **지질학적 흔적이 남은 거대한 유물**이에요. 천천히 움직이는 엄청난 무게의 빙하로 깊은 골짜기와 높은 봉우리가 만들어지며 숨 막힐 듯이 아름다운 풍경이 생겨났어요.

이 고원을 올라가면 에메랄드빛 울창한 숲과 쏟아지는 폭포가 있는 다채롭고 풍요로운 세계가 눈앞에 펼쳐져요. 온갖 색깔의 꽃이 만발하고 갖가지 초록빛을 품은 숲이 밝게 빛나죠. 공기는 덥고 끈적끈적하고 답답한데, 이국적인 새와 곤충들이 재잘거리고 윙윙거리는 소리로 가득 차 있어요.

안전하고 조용한 숲의 그늘 밑에는 분주히 움직이는 생명의 세계가 펼쳐져요. **나무타기캥거루**와 **극락조**처럼 **멸종 위기에 처한 희귀한 종들**이 여기에 살고 있어요. 우뚝 솟은 **열대우림 나무에서부터 난초와 식충식물에 이르기까지** 정말 다양한 식물들이 고원에서 자라고 있죠.

매우 아름다운 파푸아뉴기니의 고원에서는 최상의 자연이 지닌 힘과 신비로움을 볼 수 있어요.

1. 쿠스쿠스
2. 목도리도마뱀
3. 파푸아독수리
4. 파푸아푸른사마귀
5. 뉴기니쿠올
6. 하일랜드야생바나나

# 나무 위에 사는 동식물

### 초록나무비단구렁이

커다란 초록 뱀이 튼튼한 몸통을 나뭇가지에 칭칭 감은 채 **나무 그늘**에 숨어 있어요. 그다지 친근하지 않은 이 뱀은 먹잇감을 감아서 꽉 조여 죽이죠.

### 나무타기캥거루

이 유대류는 **기다란 꼬리**로 균형을 잡고 **튼튼한 뒷다리**로 뛰어오르면서 나무 위 생활에 완벽히 적응했어요. 나무타기캥거루가 높은 나무 위에서 나뭇잎과 열매, 꽃을 찾아다니는 모습이 종종 보이는데, 부드럽고 촘촘한 털은 주변 환경과 잘 어우러지게 해요.

### 왕박쥐

이 커다란 박쥐들은 진짜 공중 곡예사처럼 나무에서 나무로 가볍게 날아오르며 열매를 찾아다녀요. 왕박쥐는 생태계에서 **꽃가루를 옮기고 씨앗을 널리 퍼뜨리는** 중요한 역할을 하고 있어요.

### 극락조

화려한 깃털과 정교한 짝짓기 춤으로 유명한 극락조가 파푸아뉴기니 고원의 나무 꼭대기에서 날아오르는 모습은 정말 굉장한 볼거리예요. 기다란 꼬리는 **온갖 모양과 색깔을 띤 화려한 깃털**로 이뤄져 있어요.

### 착생난초

이 난초는 다른 식물에 붙어서 자라는데, 종종 높은 나무 위에서 자라기도 해요. 착생난초는 다양한 색깔과 종류가 있으며, **공기뿌리**로 필요한 수분과 영양분을 공기 중에서 모두 흡수하죠.

# 땅 위에 사는 동식물

### 라플레시아
세계에서 가장 큰 꽃인 라플레시아는 커다란 접시만큼 크게 자랄 수 있는 **기생식물**이에요. **줄기나 잎이 없으며**, 고기 썩는 냄새로 파리와 다른 곤충을 끌어들여 꽃가루받이를 도와요.

### 반디쿠트
반디쿠트는 숲속 땅 위에서 먹이를 찾아다니는 작은 유대류입니다. 잡식성 동물이라 온갖 종류의 **곤충**, **열매**, **씨앗**을 먹어요.

### 골리앗왕꽃무지
골리앗왕꽃무지는 세계에서 가장 큰 곤충에 속해요. **길이는 최대 11cm, 무게는 100g** 넘게 자랄 수 있어요.

## 뉴아일랜드왕도마뱀

이 독특한 왕도마뱀은 **파푸아뉴기니에서만** 볼 수 있어요. 육식성 동물이라 뱀, 새, 포유류 등 다양한 작은 동물들을 잡아먹으며, 길이가 **최대 120cm**까지 자랄 수 있어요.

### 화식조

**날지 못하는 이 커다란 새**는 세계에서 가장 위험한 동물 중 하나입니다. 날카로운 발톱과 **강력한 발차기**로 적을 막아낼 수 있거든요.

# 갈라파고스 제도

이곳은 마치 다른 세계에서 볼 법한 야생 동식물과 풍경이 어우러진 외딴 낙원입니다. 화산 분화구와 척박한 용암지대가 수정처럼 맑은 물과 햇볕이 쨍쨍 내리쬐는 푸른 바닷가와 만나는 곳이죠.

갈라파고스 제도는 뜨거운 지구 중심부에서 솟아올라 만들어진 군도(한 무리를 이루고 있는 여러 섬)입니다. 이곳의 모든 생명체는 화산 폭발과 수 세기에 걸친 진화로 아주 독특한 특징을 지니고 있어요. 고립된 이 섬들은 마치 자연의 살아 있는 실험실처럼, 다양한 종이 지구 어디에서도 보지 못한 방법으로 적응한 곳이에요.

**섬**에 들어서면 야생동물이 짹짹, 윙윙거리며 맞이합니다. 갈라파고스땅거북은 서늘한 그늘로 피하고, 바다이구아나는 따뜻한 바위에서 햇볕을 쬐고 있어요. 푸른발얼가니새, 핀치새, 군함조 등의 새들이 우는 소리로 활기가 넘쳐흘러요. 이들 종은 갈라파고스 군도의 섬세한 생태계에서 중요한 역할을 합니다. 갈라파고스 땅은 바위가 많은 울퉁불퉁한 해안선과 바다 위로 불쑥 솟아오른 화산 봉우리로, 이제 막 생겨난 것처럼 아직 거칠어 보여요.

갈라파고스 제도는 땅 밑으로도 비밀을 품고 있어요. **수중 화산과 깨끗한 산호초**, 그리고 영양분이 풍부한 물속에 사는 **해양 생물**들이 풍부한 곳이기도 하거든요. 비옥한 화산흙과 온대성 물이 있는 고립된 보호구역에서는 놀라운 생물들이 독특한 방식으로 진화하고 다양해지면서 적응해 왔어요. 도마뱀은 헤엄치는 법을 배우고, 새들은 흡혈로 바뀐 것처럼 말이죠.

# 갈라파고스에서만 볼 수 있는 동물

### 다윈의 핀치

찰스 다윈은 핀치새가 다양한 먹이를 얻으려고 **여러 모양의 부리**로 진화한 사실을 발견했어요. 이 사실은 갈라파고스섬의 고립된 생태계에서 자연선택이 있었음을 보여 줬어요.

### 갈라파고스땅거북

세계에서 가장 오래 사는 거북이들은 갈라파고스섬에 살게끔 진화했어요. 갈라파고스땅거북은 등껍질에 움푹 들어간 홈이 있어서 목을 더 길게 늘여 높은 식물에 달린 더 많은 나뭇잎에 닿을 수 있어요.

### 갈라파고스매
먹이사슬에서 최상위를 차지하는 갈라파고스매는 **작은 먹잇감을 사냥**하고, 죽은 **고기를 먹는 데 적응**해서 고립된 갈라파고스섬에서 잘 지냈어요.

### 갈라파고스펭귄
적도 부근의 **유일**한 펭귄인 갈라파고스펭귄은 훔볼트 해류로 흘러드는 **차가운 바닷물**에서도 잘 지내면서 독특하게 갈라파고스 기후에 적응했어요.

### 갈라파고스뱀
이 뱀은 갈라파고스섬의 얼마 없는 먹이에 적응하려고 **헤엄치는 법**을 터득했어요. 바다로 스르륵 들어가서 저녁에 먹을 물고기를 사냥할 수 있어요.

# 완벽히 적응한 동식물

### 갈라파고스가마우지
잘 날지 못하는 이 가마우지는 **튼튼한 다리**로 헤엄치면서 갈라파고스 바닷물에 뛰어들어 물고기를 잡아먹어요.

### 바다이구아나
바다이구아나는 물속에서 먹이를 찾아다니도록 진화해서 **해조류를 찾아 물에 뛰어들어요**. 몸에 쌓인 염분을 코의 소금샘으로 내뿜어요.

## 푸른발얼가니새

푸른발얼가니새는 짝짓기에서 눈에 확 띄려고 **밝은색의 발**이 있어요. 푸른발얼가니새가 한창 쿵쿵거리며 뽐내는 춤은 정말 멋있어요!

## 흡혈되새

이 핀치새는 다른 먹이가 다 바닥나도 살아남으려고 **다른 새의 피를 빨아먹는** 희귀한 습성을 지니게 되었어요.

## 갈라파고스붉은게

이 게는 재빠르게 바위에 오르며 갈라파고스 바닷가에 완벽히 적응했어요. **빠른 속도와 위장술**로 포식자를 잘 피하죠.

# 사하라 사막의 테네레 지역

사하라 사막의 테네레 지역은 황금빛 모래 언덕과 울퉁불퉁한 고원이 뜨겁게 내리쬐는 태양 아래에서 끝없이 펼쳐지는 광활하고 황량한 외딴 황무지예요.

**예로부터 불어온 바람과 움직이는 모래에서 생겨난** 이곳의 가혹한 환경 때문에 생명체들은 생존을 위해 놀라운 방법으로 환경에 적응했어요.

**사**막에 발을 들여놓으면 세상이 비현실적으로 느껴져요. 낙타는 밝은 지평선을 가로지르며 조용히 모래 언덕을 터벅터벅 걸어요. 강인한 아까시나무들은 비가 잘 내리지 않는 환경에서 이른 아침 모래에 맺힌 이슬방울을 찾아내는 튼튼한 뿌리로 살아갑니다. 동물들은 낮에는 뜨겁고 밤에는 서늘한 양쪽 날씨에 모두 적응해야 했어요.

낮과 밤의 **뚜렷한 대비**는 테네레 지역의 가장 큰 특징이에요. 강렬한 태양은 줄기차게 내리쬐면서 움직이는 모래 위에 긴 그림자를 드리워요. 어둠이 내려앉으면, 사막은 오싹할 정도로 고요해지죠. 단지 사막여우가 이따금 스쳐 지나가는 소리나 멀리서 들려오는 새소리만이 정적을 깰 뿐이에요.

이렇게 혹독한 환경의 테네레 지역에도 놀라운 방법으로 생명체가 살아가고 있습니다. **아닥스**, **페넥여우**, **철새**처럼 희귀한 종들이 광활하고 외딴 이 지역에서 쉴 데를 찾아요. 테네레 지역은 모래알 하나하나에서 자연의 회복력이 분명히 드러나므로, 지구에서 가장 혹독한 환경인 이곳에서는 끈질긴 생명력을 엿볼 수 있어요.

# 뜨거운 태양 아래에서 사는 동식물

**대추야자**

대추야자는 **긴 뿌리**로 깊은 땅속에 있는 물을 쭉 빨아들여서 테네레 지역에서 잘 자랍니다. 길게 갈라진 **두꺼운 잎사귀**로는 햇빛을 막고, 끈적거리고 달콤한 열매를 숨기는 데 중요한 그늘을 만들어요.

**페넥여우**

페넥여우는 **커다란 귀**로 열을 내보내고 **밝은색의 털**로 햇빛을 반사해요. 페넥여우는 야행성 동물이라 뜨거운 태양을 피해 밤에 사냥을 잘해요.

### 단봉낙타

단봉낙타는 사막 생활에 아주 잘 맞아요. 등에 있는 **혹**에 물을 저장하고, **두꺼운 털**로 낮의 더위와 사막의 추운 밤을 모두 견디거든요.

### 보검선인장

줄기가 납작한 보검선인장은 **껍질의 왁스층**이 수분 손실을 줄여 줘서 테네레의 더위를 견뎌내요. **얕게 뻗은 뿌리**로는 수분을 재빨리 흡수하죠. 가시는 실제로 작고 날카로운 잎으로, 힘들게 얻은 수분을 다른 동물이 빼앗아 가지 못하게 막아요.

### 사하라은색개미

사하라은색개미는 가장 뜨거운 온도에서 살아남는 곤충으로, **은색 털로 햇빛을 반사**해서 낮 동안에 몸을 보호해요. 기온이 **섭씨 50도가 넘을 때만** 활동하죠.

# 몹시 추운 사막의 밤에 활동하는 동물

### 미어캣

미어캣은 더위와 추위를 피하려고 **땅속**에 굴을 만들어요. **두꺼운 털**을 가진 미어캣들은 밤에는 **서로를 껴안아 체온을 유지**해요. 눈 주위의 검은색 반점은 선글라스처럼 태양의 눈 부심을 막아 줘요.

### 작은이집트뛰는쥐

야행성 설치류인 작은이집트뛰는쥐는 더위를 피하려고 **밤에 활동**해요. 사막의 차가운 밤공기로부터 몸을 보호하려고 굴을 파서 몹시 추운 날씨도 수월하게 견뎌내죠.

### 북아프리카고슴도치

알제리고슴도치로도 불리는, 북아프리카고슴도치는 **야행성**이며 **적응력**이 뛰어나요. **두꺼운 가시털**로 포식자와 극한 날씨로부터 몸을 지키며 혹독한 사막 환경에서도 살아갈 수 있어요.

**이집트쏙독새**

이 야행성 새는 테네레에서 **새벽과 해가 질 녘에 나방과 딱정벌레를 사냥**해요. 짧고 넓은 부리를 쫙 벌린 채 날아다니며 최대한 많이 잡아먹어요. 낮에는 주위 환경과 비슷한 **위장 깃털**로 햇빛을 피해 숨어 있어요.

**아닥스**

나사뿔영양으로도 불리는, 아닥스는 낮의 뜨거운 더위를 피해 **밤에 활동**해요. 사막에서 **흰색 털로 햇빛을 반사**해 체온을 조절하고 몸을 시원하게 유지하죠.

# 찾아보기

## ㄱ
갈라파고스 제도 5, 30~37
갈라파고스가마우지 36
갈라파고스땅거북 32, 34
갈라파고스매 35
갈라파고스물개 33
갈라파고스뱀 35
갈라파고스붉은게 37
갈라파고스이구아나 33
갈라파고스펭귄 35
갈라파고스흉내지빠귀 33
거대관벌레 8~9
골리앗왕꽃무지 28
공기뿌리 27
관목 16
군도 32
군함조 32
그린란드 빙상 5, 14~21
극락조 24, 27
기생식물 28
꽃가루받이 28

## ㄴ
나무타기캥거루 24, 26
나사뿔영양 45
노란코르디아 33
뉴기니쿠올 25
뉴아일랜드왕도마뱀 29

## ㄷ
다윈의 핀치 34
단봉낙타 43
대추야자 42
등각류 10

## ㄹ
라플레시아 28
로너리아 페르투사 9

## ㅁ
마리아나 판 8
마리아나 해구 5~13
매오징어 13
먹이사슬 35
목도리도마뱀 25
미어캣 44

## ㅂ
바다돼지 11
바다이구아나 32, 26
바다코끼리 21
바티노무스 기간테우스 11
반디쿠트 28
발광생물 8
백송고리 17
보검선인장 43
북극 16, 19~20
북극곰 16, 20
북극늑대 17
북극양귀비 19
북극여우 16, 19
북극이끼장구채 17
북극제비갈매기 16
북극토끼 16, 18
북아프리카고슴도치 44
블롭피시 9
빗해파리 13
뿔살모사 41

## ㅅ

사막메뚜기 41
사막여우 40
사하라 사막 5, 38~45
사하라은색개미 43
사하라제비꼬리나비 41
사향소 20
산호초 32
생물발광 12
설치류 21, 44
심해 등각류 10
심해 해파리 12

## ㅇ

아닥스 40, 45
아메리카군함조 33
알제리고슴도치 44
야행성 42, 44~45
에셀나무 41
왕박쥐 27
위장 16, 37, 45
유대류 26, 28
이끼 16
이집트쏙독새 45

## ㅈ

자주범의귀 18
작은이집트뛰는쥐 44
주름상어 11
쥐꼬리물고기 8
지의류 16

## ㅊ

착생난초 27
초록나무비단구렁이 26

## ㅋ

쿠스쿠스 25
큰후투티종달새 41
클라도르히자 마리아나 9

## ㅌ

태평양판 8
테네레 지역 5, 38~45
통안어 10

## ㅍ

파푸아뉴기니의 고원 5, 22~29
파푸아독수리 25

파푸아푸른사마귀 25
판 구조론 24
페넥여우 40, 42
푸른발얼가니새 32, 37
핀치새 32, 34, 37

## ㅎ

하일랜드야생바나나 25
하프물범 17
해조류 36
해파리강 12
혹등아귀 12
화식조 29
흡혈되새 37
흡혈오징어 9
흰멧새 17
흰올빼미 16, 21

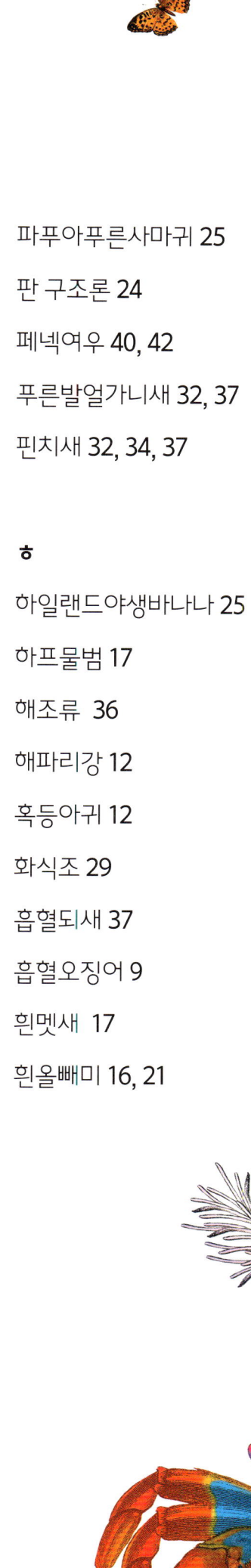

루이스 레브 스턴버그에게 감사합니다. - 루시 브라운리지

나의 두 마리 흡혈오징어 에이다르와 이솔, 그리고 오늘날에 이 책이 나오게끔 도와준 김수형에게 고마움을 전합니다. - 크리스티아나 S 윌리엄스

### 글 루시 브라운리지
영국 코톨드 예술대학에서 공부한 뒤에 어린이책 작가이자 편집자가 되었어요. 그의 책은 20개 이상의 언어로 번역되었고, 과학책을 위한 지베르니상을 받았습니다.

### 그림 크리스티아나 S 윌리엄스
영국의 센트럴 세인트 마틴스 예술대학에서 그래픽디자인과 삽화를 공부한 뒤에, 비욘드 더 밸리에서 예술 감독으로 일하면서 비평가의 찬사를 받았습니다. 2011년부터는 미술작품뿐만 아니라 책 삽화와 실내장식 소품 디자인도 만들기 시작했습니다. 빅토리아 시대 판화가 특징적으로 쓰이는 그의 작품은 푸르고 이국적인 동식물이 어우러져 놀라운 효과를 자아냅니다. 펜타상, 클리오상, 뉴욕 페스티벌 그랑프리 일등상을 포함해 수많은 국제적인 상을 받습니다.

### 옮김 한성희
저널리즘을 공부했으며, 현재 번역 에이전시 엔터스코리아에서 전문 번역가로 활동하고 있습니다.
옮긴 책으로는 《어마어마한 곤충의 모든 것》, 《하루살이에서 블랙홀까지, 대자연의 순환》, 《우주에서 외계인을 찾는 과학적인 방법》, 《가짜 뉴스와 진짜 뉴스를 구별할 수 있어?》, 《매일 우리 몸에서는 무슨 일이 일어나고 있을까?》, 《최악의 위기에서 살아남는 방법》, 《양자물리학이 뭔가요?》 등이 있습니다.